Wenn du das Glück
in deinem Leben
halten willst,
zeige ihm jeden Tag,
wie sehr du es liebst.

H.K.

ISBN 978-3-649-62066-2


Illustrationen: Anne Mußenbrock
Textsatz & grafische Gestaltung: Manuela Altrichter

Printed in Slovakia

www.coppenrath.de

Hans Kruppa

# Das kleine Buch des großen Glücks

## Worte, die von Herzen kommen

Mit Illustrationen von Anne Mußenbrock

COPPENRATH

## Vorsätze

Ich möchte nicht mit dir
zusammen alt werden,
sondern jung bleiben.

Ich werde deinen Ängsten
die Suppe versalzen
und deiner Liebesfähigkeit
mein Jawort geben.

Ich will lernen,
immer offener zu werden,
im Reden und im Schweigen.

Und wenn ich kann,
will ich der Spiegel sein,
in den du siehst,
wenn deine Augen leuchten.

Mehr mag ich
dir nicht zusagen.

Versprechen,
das sind Worte,
geschrieben in den Küstensand
bei Ebbe.

# Die höchste Form

Wenn man
einen Menschen wirklich liebt,
kann man seine Schwächen,
seine Ängste und Unsicherheiten
nicht ausnutzen,
um daraus einen Gewinn zu ziehen.

Liebe ist die höchste Form
der Achtung und Wertschätzung,
die instinktiv vor allem zurückschreckt,
was den geliebten Menschen manipulieren,
verwirren oder übervorteilen könnte.

## Das stärkere Gefühl

Wenn ein Name
zum Zauberwort wird
und ein paar Augen
zu einer Geheimtür
auf der Suche nach
dem stärkeren Gefühl ...

dann ist die Fülle,
die Herz und Seele satt macht,
auf einmal in der Luft,
die wir atmen.

## Liebe ist wichtiger

Liebe ist wichtiger
als Zwänge, Ängste
und alle noch so
hochvernünftigen Erwägungen,
wichtiger als die Zukunft,
wichtiger als Geduld
und die besten Absichten,
wichtiger als Kompromisse,
Hoffnungen und guter Wille,
so unermeßlich wichtiger
als alle Worte, aller Trost
und alle sogenannten
Notwendigkeiten.

Frag nicht warum.

## Innerer Reichtum

Inneren Reichtum
vermehrt man
am schönsten,
indem man ihn
mit anderen teilt –
in einer Atmosphäre
der Liebe.

## Das Geschenk

Ein älterer Mann kam zum Meister und sagte: „Ich liebe meine gute Frau. Und sie liebt mich."

„Das ist wunderbar", sagte der Meister mit einem Lächeln. „Es ist ein großes Glück, einen guten Menschen zu lieben und von ihm geliebt zu werden. Bist du nur gekommen, um mir das zu sagen? Oder bedrückt dich irgend etwas?"

„Nun ja, manchmal bedrückt mich das Wissen, daß unser Glück vergänglich ist. Daß es eines Tages enden wird. Spätestens, wenn einer von uns beiden stirbt. Wenn ich daran denke, hoffe ich, derjenige zu sein, der zuerst stirbt. Doch dann sage ich mir wiederum, daß dies eine egoistische Hoffnung ist. Und daß ich, gerade weil ich meine Frau so sehr liebe, lieber hoffen sollte, nach ihr zu sterben. Denn derjenige, der übrigbleibt, hat das härtere Schicksal, trägt die schwerere Last. Und ich liebe meine Frau so sehr, daß ich bereit bin, die schwerere Last zu tragen."

Nach einer Weile des Schweigens sagte der Meister: „Ich danke dir für dein Geschenk."

„Welches Geschenk?" fragte der Besucher überrascht.

„Fast alle Menschen, die zu mir kommen, suchen bewußt oder unbewußt meine Hilfe. Und ich helfe jedem so gut, wie ich es eben kann. Viele gehen von mir mit dem Empfinden, ein Geschenk erhalten zu haben. Wenn du von mir gehst, werde ich das Gefühl haben, beschenkt worden zu sein“, erklärte der Meister.

## Die tiefste Magie

Keine Magie
ist tiefer
als die Kraft,
die wir Liebe nennen.

## Für immer du

Ich bin dem Leben dankbar,
daß es mich zu dir führte,
denn in dir finde ich,
was ich bei anderen vermißte.

Ich habe dich liebgewonnen,
ich hatte keine andre Wahl.
Du bist für mich etwas Besonderes
und wirst es immer sein.

Und darum wünsch ich mir,
daß ich dich nie verlier.

## Dieses Glück

Ich will dich nicht verletzen,
dich nicht verunsichern.
Keine schlaflose Nacht
sollst du wegen mir haben,
keine Sorgen, keine Ängste.
Deine Würde und Selbstachtung
will ich unterstützen.
Ich will nicht zum Grund
deiner Traurigkeit werden,
will dein Vertrauen nicht erschüttern
in die heilende Kraft der Liebe,
will deine Seele nicht belasten
mit dunklen Zweifeln und Nöten.

Es war ein großes Glück,
daß wir uns fanden.
Dieses Glück will ich
nicht verlieren –
was auch geschehen mag.

## So herum

Es ist nicht mein Ziel,
dich glücklich zu machen.

Es ist mein Ziel,
so zu leben,
daß ich so glücklich bin,
daß mein Glück
dich glücklich macht.

## Geistvoll

Ein Tropfen Glück
ist mehr wert
als ein Becher voll Geist.
Also ist es geistvoll,
seinen Becher so zu halten,
daß möglichst
viele Glückstropfen
in ihn fallen.

## Tür und Schlüssel

Jeder Augenblick
hat eine Geheimtür zur Ewigkeit,
und der Schlüssel für sie
ist die Liebe.

## Glück kommt gern unverhofft

Eine Frau saß auf ihrem Sofa, dachte über ihr Leben nach und wunderte sich, wie schnell doch ihre Kindheit und Jugend vergangen waren: wesentlich schneller, als sie sich das vorgestellt hatte.
Sie stand in der Mitte ihres Lebens und hatte das ungute Gefühl, die zweite Hälfte ihrer Lebenszeit würde weniger schön werden, als die erste es gewesen war. Denn in ihren jüngeren Jahren war ihre Seele von Träumen inspiriert gewesen, die ihr wunderbare und intensive Erlebnisse schenkten, auch wenn die meisten von ihnen sich nach und nach als Illusionen entpuppt hatten.
Diese Erkenntnis betrübte sie und machte sich in allen Winkeln ihres Gemütes breit. Um auf andere Gedanken zu kommen, beschloß sie, einen Spaziergang im nahegelegenen Park zu machen.
Doch die besänftigende, erfrischende, aufheiternde Wirkung, die der weitläufige Park mit seinen hohen alten Bäumen und gewundenen Wasserläufen immer auf sie hatte, blieb diesmal aus, als wollte die Traurigkeit über die Unwiederbringlichkeit der verlorenen Zeit nicht aus ihrem Herzen weichen.

Als sie schon enttäuscht auf dem Rückweg zu ihrer Wohnung war, öffneten sich überraschend die Wolkenschichten am Himmel. Die Sonne strahlte warm und hell auf den Park hinab und tauchte alles in ein freundliches, warmes Licht.

Die Frau blieb unwillkürlich stehen, hielt den Atem an und hob den Blick.

Und plötzlich, von einem Moment auf den anderen, sah sie die Erhabenheit der weißen Wolken am Himmel, entdeckte die Schönheit der Blumen am Wegesrand, genoß die majestätische Pracht der alten Bäume. Und ganz tief in ihr veränderte sich etwas.

Unverhofft fiel ein Schleier in ihrem Bewußtsein. Sie spürte ganz deutlich das Glück, das sie umgab, in sie einfloß und sie erfüllte. Und sie erkannte, daß sie dieses Glück einfach nur deshalb nicht wahrgenommen hatte, weil sie zu sehr und zu intensiv mit der Trauer über ihre verlorene Jugend beschäftigt gewesen war.

Es mag ja sein, dachte sie, daß die erste Lebenshälfte besser als die zweite ist, aber wenn ich mir diesen Gedanken zur Gewohnheit mache, übersehe ich die Sehenswürdigkeiten und verpasse die Glücksmöglichkeiten, die mir die zweite Lebenshälfte bieten wird.

Während ein Lächeln sich auf ihr Gesicht legte, stieg vom Grund ihrer Seele ein Gefühl auf, das sie sanft bei der Hand nahm und zu einer Erkenntnis führte, die ihr Lächeln noch verstärkte: Glück ist der Blick hinter den Schleier der gewohnten Wahrnehmung, der Blick hinter die Kulissen des Alltäglichen, der Blick ins Herz des Lebens.

## Die Seele

Das in uns,
was immer blüht,
während der Körper altert,
was weiterlebt,
wenn der Körper stirbt,
was die Wahrheit kennt,
wenn der Verstand sich irrt,
und was seinen Weg findet,
wenn das Herz sich verliert.

## Gute Wünsche

Den Sanften die Schönheit.
Den Streitenden die Versöhnung.
Den Glücklichen der Sinn.
Den Geschundenen die Verwöhnung.

Den Sehnsüchtigen die Erfüllung.
Den Weisen die Macht.
Den Suchenden die Einsicht.
Den Liebenden die Pracht.

## Selbstfindung

Wer die
wahre Liebe
gefunden hat,
hat sich selbst gefunden.

## Die mutigste aller Künste

Liebe ist die höchste,
die mutigste aller Künste.
Sie wagt die Bewegung ins Ungewisse
und kümmert sich nicht
um Verlust oder Gewinn.
Sie öffnet die Augen
für das Wunderbare;
sie ist das wahre Leben.

Sie ist ein Spiel
mit höchstem Einsatz –
ein Risiko, eine Gefahr.
Wer wagt, gewinnt –
auch durch Verlust.
Wer sich enthält,
bleibt armselig
und wird vorzeitig alt.

## In Gegenwart der Liebe

In Abwesenheit der Liebe
kann das Leben so sinnlos sein,
wie die Lebensverächter
schon immer behauptet haben.

In Gegenwart der Liebe
bekommt es einen so hohen Wert,
daß du nicht nach seinem Sinn fragst –

du spürst ihn, lebst ihn, strahlst ihn aus.

## Der wichtigste Gast

Alles kann warten,
nur die Liebe nicht.
Wer die Liebe warten läßt,
beleidigt den wichtigsten Gast
seines Lebens
und sieht ihn vielleicht nie wieder.

## Liebesmacht

Manches im Leben
ist so traurig,
daß alle Tränen,
die man darüber weint,
nicht helfen.

Nur die Liebe
hat die Macht,
Tränen der Trauer
in Freudentränen
zu verwandeln.

## Der Verstand und die Liebe

Der Verstand begegnete der Liebe und sagte zu ihr: „Ich habe schon oft über dich nachgedacht, aber ohne ein befriedigendes Ergebnis. Deshalb möchte ich dich geradeheraus fragen: Was ist dein Sinn?“ Bevor die Liebe antworten konnte, fügte der Verstand hinzu: „Sag mir aber nicht, dein Sinn bestehe darin, die Menschen glücklich zu machen. Ich habe zu oft gesehen, daß du sie unglücklich machst.“

„Mein Sinn besteht darin, daß die Menschen an mir wachsen und zu sich selbst finden“, antwortete die Liebe. „Durch mich werden sie erst zu denen, die sie sein können. Ich erwecke das Beste in ihnen und bringe es zur Entfaltung. Und ich schenke ihnen Glück. Daß dieses Glück vergänglich ist und sich auch in Unglück verwandeln kann, darfst du mir nicht anlasten. Nichts ist von Dauer in dieser Welt. Und weder du noch ich haben die Macht, das Gesetz der Vergänglichkeit zu brechen.“

„Ich weiß“, sagte der Verstand, „allerdings verstehe ich nicht, warum die Menschen sich im allgemeinen vor dir fürchten, obwohl du ihnen angeblich so viel Gutes zu geben hast, während sie zu mir volles Vertrauen haben.“

„Das liegt daran“, antwortete die Liebe, „daß ich die Menschen ins Unbekannte führe, während du mit ihnen auf Wegen gehst, die sie gut kennen.“
„Aber du sagtest doch gerade“, wandte der Verstand ein, „daß du ihnen hilfst, zu sich selbst zu finden.“
„Das tue ich auch“, erwiderte die Liebe, „aber ihr wahres Selbst ist den meisten Menschen unbekannt und macht ihnen deshalb angst. Und daran bist du nicht ganz unschuldig.“
„Wieso?“
„Du bringst sie dazu, Schutzmauern gegen mich aufzubauen, indem du ihnen einredest, wie gefährlich ich sei und wie groß die Schmerzen und Enttäuschungen sein können, die ich ihnen bereite. Du lehrst sie, mich zu fürchten.“
„Und habe ich nicht recht damit?“ fragte der Verstand.
„Nein, du hast unrecht. Die Menschen verletzen sich nicht an mir, sie verletzen sich gegenseitig. Sie sind nicht enttäuscht von mir, sie enttäuschen sich gegenseitig. Und die Schmerzen, die sie erleiden, stammen nicht von mir, sondern daher, daß sie mein Wesen nicht tief genug

verstehen. Wie sollten sie es auch können, wenn du sie unentwegt daran hinderst, sich ganz und gar auf mich einzulassen? Denn nur so können sie mich wirklich kennenlernen – und damit sich selbst."

„Dieses Gespräch hat keinen Sinn", sagte der Verstand. „Wir reden aneinander vorbei."

„Weil du nicht schweigen kannst", erwiderte die Liebe.

# Ein weiser Weg

Liebe ist keine Illusion,
sie ist die Wahrheit.
Liebe ist kein Zeitvertreib,
sie ist Zeitlosigkeit.
Liebe ist kein Wunschdenken,
sie ist eine Wirklichkeit.
Liebe ist kein Gespräch,
sie ist ein Tanz.
Liebe ist kein Wegweiser,
sie ist ein weiser Weg.
Liebe ist kein Verlangen,
sie ist Dankbarkeit.

# Nur für dich

Für dich lasse ich meine Blicke aufblühen,
gehe in meinen Gefühlen baden,
putze meine Gedanken,
bis sie glänzen.

Für dich tanze ich auf einem Bein,
singe laut auf offener Straße,
mache mich zum Gespött der Leute.

Für dich bringe ich mir die Flötentöne bei,
heule den Mond an,
frühstücke um Mitternacht.

Für dich nehme ich das Leben
auf die leichte Schulter
und gehe damit
bis ans Ende der Welt –
wenn du dort auf mich wartest.

## Hoffnungsvoller Fall

Aus allen Wolken
fiel ich
in ein Meer
von Lust
an unsrer Liebe.

Kein höheres Leben
kann ich mir denken,
als mich immer tiefer
darin zu versenken.

# Das Glück

Das Glück kommt und geht,
doch es kommt eher
in ein offenes Herz
als in ein verschlossenes,
es kommt eher
zu einem Optimisten
als zu einem Pessimisten,
es kommt eher
zu einem Sehnsüchtigen
als zu einem Selbstsüchtigen –

aber ob und wann es kommt,
weiß allein das Glück.

## Glücksfrüchte

Die köstlichsten
Früchte des Glücks
lassen sich nicht
einfach pflücken,
so sehr wir sie
auch begehren mögen.

Doch wenn wir einmal
gar nicht denken,
fallen sie uns plötzlich
in den Schoß.

## Gedankenfreier Genuss

Ein großes Glücksgefühl
füllt uns so sehr aus,
daß wir nichts anderes wollen,
als es dankbar zu genießen.

Dem Glücklichen schlägt
nicht nur keine Stunde,
ihm kommt auch kein Gedanke –
nicht einmal der Gedanke,
daß er glücklich ist.

Großes Glück ist reiner,
gedankenfreier Genuß
zeitloser Augenblicke.

# Zwischen den Zeilen

Wenn du
im Buch des Lebens
zwischen den Zeilen liest,
verstehst du und gehst
den schnellsten Weg zum Glück,
umarmst den Augenblick,
der es gut mit dir meint.

Und du wirst nicht verstehen,
warum du nicht eher
verstanden hast.

## Der Glückliche sucht nicht

Eine Frau in den mittleren Jahren fragte einen weisen Mann: „Warum ist das Glück wie ein Regenbogen, wie ein Sonnenuntergang, wie eine Sternschnuppe? Großartig, wunderbar, doch viel zu schnell vorbei. Warum kann es nicht so sein wie das Tageslicht, wie das Gras, wie die Bäume? Immer da, jeden Augenblick sichtbar, jeden Tag zu erleben."

„Aber das ist es doch", sagte der Weise und lächelte. „Das Glück ist wie dein eigener Atem. Es ist immer anwesend, immer zugänglich."

„Nein", widersprach die Besucherin energisch. „Es ist selten und vergänglich. Und es vergeht immer zu schnell. Ich habe einige Männer geliebt in meinem Leben. Jeder von ihnen hat mich auf seine Weise glücklich gemacht, doch nach einer Weile ging das Glück fort und hinterließ nur Leere und Traurigkeit. Und die Sehnsucht danach, es noch einmal zu erleben."

„Wir sprechen nicht von derselben Art von Glück", stellte der Weise fest. „Du sprichst vom befriedigten Verlangen, das uns durchaus glücklich machen kann. Doch diese Art von Glück ist nur von kurzer Dauer. Es ist im

Grunde nur gesättigtes Verlangen, das sich schon bald wieder auf die Suche nach neuen Zielen begibt."

„Ist Glück denn nicht immer gesättigtes Verlangen?" fragte die Frau.

„Nein. Wahres Glück ist die Befreiung vom Verlangen. Es sucht nicht, sondern hat gefunden. Es geht nicht auf Reisen, sondern bleibt, wo es ist. Es verlangt nicht, sondern ist zufrieden mit dem, was es hat", erklärte der Meister. „Wenn du das liebst, was du hast, bist du glücklich. Wenn du das liebst, was du haben willst, bist du solange unglücklich, bis du es hast. So machst du dich zum Sklaven deiner Begierden. Der Glückliche ist ein freier Mensch. Er findet das, was der Verlangende an anderen Orten und in der Zukunft sucht, im Hier und Jetzt. Das macht ihn unabhängig, macht ihn frei. Das macht ihn glücklich. Der Glückliche sucht nicht – weil er gefunden hat."

## Glückszeiten

Glückliche Momente sind ein Geschenk.
Glückliche Stunden sind eine Seltenheit.
Glückliche Tage sind ein Segen.
Glückliche Wochen sind ein Traum.
Glückliche Monate sind ein Wunder.
Glückliche Jahre sind ein Märchen.

## Mehr und mehr

Sonnenkind, Blumenkind,
tanzender Baum, singender Wind –
du bist schön in unserem Glück!
Dein Gesicht ist
nicht von dieser Welt,
wenn zwischen uns nichts zählt
als nur der Augenblick
mit seinen unendlichen Möglichkeiten.
Ich liebe es so sehr,
wenn unsere Gefühle
sich in ihrer Freude weiten –
das schmeckt nach mehr
und mehr und immer mehr …

## Lebensweisheit

Es gibt eigentlich
keine größere Weisheit,
als in jedem schönen Moment,
den das Leben uns schenkt,
so aufzugehen,
als sei es der letzte.

## Tage

Es gibt Tage,
da fühle ich nicht
das Glück,
das es bedeutet,
mit dir zu leben.
Tage,
an denen ich weine
hinter freundlichen Masken
aus Schwäche, Angst
und lieben Gewohnheiten,
denn:
ich stehe mir
im Weg
zu dir.

Und jeder Augenblick
ist kostbar.

## Erlaubnisfrage

Letztlich zählt der Augenblick,
die unmittelbare Gegenwart,
in der allein das Leben
zu sich selbst
und zu uns finden kann –
wenn wir es ihm erlauben.

## Glück

Tee mit Honig trinken
und Musik hören,
das ist Glück.
Sich freuen
über einen Freund,
weil er sich
über Kleinigkeiten freut,
das ist Glück.
Nichts wollen,
wunschlos sein,
das ist Glück –
und hier und jetzt sein,
ganz im Augenblick:
morgen kommt zu spät,
und gestern war einmal.

## Solange du an das Leben glaubst

„Warum sind so viele Menschen unglücklich?“ fragte eine junge Frau den Meister.

„Das kann viele Gründe haben“, entgegnete er. „Einer der häufigsten liegt darin, daß sie nicht so leben, wie sie leben sollten. Jeder Mensch ist einzigartig und hat einen einzigartigen Lebensweg. Doch wenn er diesen Weg nicht geht, sondern aus Unsicherheit, Angst oder Bequemlichkeit in die Fußstapfen anderer tritt, wird er unglücklich. Unglück ist oft nur ein anderes Wort für das Verfehlen des eigenen Lebenssinnes. Sei so, wie du gemeint bist, laß dich nicht verbiegen, bleib deiner Seele treu – und das Glück wird dein Freund sein!“

„Woran erkennt man glückliche und unglückliche Menschen? Viele verbergen ihr Unglück aus Scham, und manche verstecken ihr Glück, um es vor Neid und Mißgunst zu schützen“, sagte die junge Frau.

„Man kann sie leicht voneinander unterscheiden“, antwortete der Meister. „Unglückliche fordern, Glückliche schenken. Unglückliche wollen besitzen, Glückliche möchten lieben. Unglückliche wollen bestimmen, Glückliche lassen dem Leben seinen Lauf. Unglückliche wollen Sicherheit, Glückliche suchen das Leben. Unglückliche laufen der Zeit hinterher, Glückliche gehen mit ihr Hand in Hand."

Die Besucherin nickte lächelnd. „Warum habe ich das Gefühl, daß das Leben selbst durch deinen Mund zu mir spricht?"

Der Meister zuckte mit den Achseln. „Ich weiß es nicht. Vielleicht, weil ich nie den Glauben an das Leben verloren habe, obwohl ich gute Gründe dafür gehabt hätte. Vielleicht, weil ich das Leben immer geliebt habe, trotz aller Schicksalsschläge, die ich hinnehmen mußte. Und wer muß sie nicht hinnehmen? Jeder Mensch wird vom Leben geschlagen, manchmal auch getreten, aber er darf nie vergessen, daß er auch vom Leben umarmt und geküßt wurde – oder noch werden kann. Solange du an das Leben glaubst, ist alles möglich."

## Der Weg ist das Ziel

Der Weg ist das Ziel,
wenn Traum
und Wirklichkeit verschmelzen.
Der Moment ist das Glück,
wenn Worte und Gedanken flüchten
vor dem Glanz
unsrer Gefühle füreinander.

## Küsse des Lebens

Es tut so gut,
mit dir zu lachen
und plötzlich zu erwachen
aus dem Alltagsschlaf
und zu erleben,
was wirklich ist –

und zu spüren,
genau das ist es,
was ich vermißte,
diese unverhofften
Küsse des Lebens
auf die Lippen
des atemlosen Augenblicks.

# Kritik der Vernunft

Die Vernunft führt
uns gern auf Wege,
die am wahren Leben vorbeiführen.

Die Unvernünftigen,
die zu lieben und zu vertrauen wagen,
setzen sich zwar der Gefahr aus,
enttäuscht und verletzt zu werden,
aber sie bleiben
dem Leben auf der Spur
und verschließen sich nicht
den Weg zu wirklichem Glück.

## Praktische Lebenskunst

Praktische Lebenskunst
besteht darin,
so viel Zeit wie möglich
in reinem Lebensgenuß
zu verbringen.

## Willst du fliegen …

Möchtest du sehen,
schließ die Augen.
Willst du gewinnen,
laß das Kämpfen sein.
Möchtest du träumen,
hör auf zu schlafen.
Willst du fliegen,
laß dich fallen.

## Träume leben

Träume können
sich erfüllen,
wenn wir sie
wirklich lieben.

Liebe kann
Träume wahr
werden lassen,
wenn wir sie
wirklich leben.

## Glück erfordert Mut

Eine Frau saß mit einem guten Freund, dessen tiefes Lebenswissen sie schon immer bewundert und geschätzt hatte, im Garten und fragte ihn spontan: „Warum können wir Menschen nicht so glücklich sein wie die Vögel?"
„Woher willst du wissen, daß die Vögel glücklich sind?" fragte er.
„Nun, wenn ich sie beobachte, empfinde ich es so. Sie wirken so heiter und fröhlich, voller Energie und unbeschwert."
„Ich sah neulich einen Vogel in einem Baum sitzen", sagte der Freund, „der ziemlich unglücklich aussah. Er hockte stumm und starr auf einem Ast, als hätte er das Singen und Fliegen verlernt."
„Dann frage ich dich einfach", sagte die Frau, „warum wir Menschen nicht glücklich sein können."
„Wir können es, aber sehr viele Menschen wollen es gar nicht. Sie haben Angst davor, glücklich zu sein. Denn wenn man glücklich ist, hat man sehr viel zu verlieren – nämlich sein Glück. Sie gehen an das Leben heran wie eine junge Frau, die sich in einen jungen Mann verliebt hat, aber ihre Gefühle unterdrückt, weil sie Angst davor

hat, verletzt, verraten und verlassen zu werden. Sie versagt sich eine glückliche Gegenwart, um eine möglicherweise unglückliche Zukunft zu vermeiden. Sie hat nicht verstanden, daß das wahre Leben nur in der Gegenwart stattfinden kann. So wie sie sind viele Menschen. Sie bevorzugen das Gewohnte, das Sichere, auch wenn es sie deprimiert und traurig macht. Sie leben nach dem Motto: Lieber das bekannte Unglück als das unbekannte Glück. Aber was wolltest du mich eigentlich fragen?"

„Warum ich nicht glücklich bin", gestand die Frau.

„Ich habe dir bereits die Antwort gegeben", sagte ihr Freund. „Wer das Glück gewinnen will, muß die Angst überwinden, es wieder zu verlieren. Glück erfordert Mut. Den Mut, die Dinge zu tun, die dich glücklich machen, und die Dinge aufzugeben, die dich unglücklich machen."

„Das klingt so einfach", sagte die Frau.

„Das ist es auch", erwiderte ihr Freund. „Aber der Mensch ist das einzige Lebewesen der Welt, das sich das Leichte schwermachen kann."

## Gegenseitigkeit

Nur wer an Wunder glaubt,
wird Wunder erleben.

Nur wer der Liebe vertraut,
wird der Liebe begegnen.

Nur wer sich dem Leben hingibt,
dem wird sich das Leben schenken.

## Liebe fordert nicht

Liebe fordert nicht,
Liebe drängt nicht,
Liebe erpreßt nicht,
denn sie weiß:

Nur was
aus freien Stücken
und ganzem Herzen
geschenkt wird,
ist wirklich wertvoll.

## Liebe kommt

Liebe kommt zu dem, der liebt.
Freude schenkt sich dem, der Freude gibt.
Schönes begegnet dem, der Schönheit ausstrahlt.
Die Liebe meidet den Lieblosen.
Die Freude macht einen Bogen um den Freudlosen.
Die Schönheit scheut die Menschen,
die sie nicht selbst in sich tragen.

## In Frieden

Wer glücklich ist,
kennt keinen Neid.

Wer in sich zu Hause ist,
dem liegt Mißgunst fern.

Wer mit sich in Frieden lebt,
legt keinen Wert auf Streit.

# Der Glückliche kennt keinen Neid

Ein reicher Mann ging zu einem weisen Mann und bat ihn um einen Rat.
Der Weise erklärte sich dazu bereit.
„Ich habe das Gefühl, daß mein Vermögen mir keine Zeit läßt, mein Leben zu genießen", gestand der Reiche. „Obwohl alle meine Bekannten und Freunde neidisch auf mein Geld und meine beiden Villen sind, bin ich nicht glücklich."
„Weil der Neid anderer Menschen niemanden glücklich macht."
„Aber Reichtum macht glücklich. Hausbesitz macht glücklich. Sonst würden nicht alle Menschen nach dem Geld streben."
„Hausbesitz macht nicht glücklich, denn sonst wären ja alle Menschen unglücklich, die zur Miete wohnen. Und auf dein Geld sind nur Menschen neidisch, die selbst unglücklich sind. Neid ist das selbstquälerische Vergnügen der Unglücklichen. Der Glückliche kennt keinen Neid. Der Glückliche freut sich nicht nur über sein eigenes Glück, sondern auch über das Glück der anderen."

Der Reiche schloß die Augen und verzog sein Gesicht, als hätte ihn eine Ohrfeige getroffen. Lange war es still. Dann fragte er: „Was soll ich deiner Meinung nach tun, um glücklich zu werden?“

„Stell dir das Unglück wie Gepäck vor, das du mit dir schleppst auf deiner Lebensreise. Wirf es ab!“

„Du rätst mir, daß ich mein hart erarbeitetes Geld verschenken soll?“

„Ich sage dir: Du hast nur das, was du bist. Und ich rate dir: Wirf alles ab, was dich nicht glücklich macht. Stück für Stück. Was am Ende übrig bleibt, ist das, was dich glücklich machen kann. Sofern dein Unglück dich nicht bereits unfähig gemacht hat, glücklich zu sein.“

„Was bin ich dir schuldig für deinen Rat?“

„Das Beste im Leben ist frei“, sagte der Weise

Erst in diesem Moment verstand der Reiche das Geschenk, das ihm gemacht wurde, und er schämte sich seiner Frage, verbeugte sich und verließ das Zimmer in tiefer Dankbarkeit.

## So eine Liebe

Wenn ich einen Wunsch frei hätte –
ich würde mir eine
wahnsinnige Liebe wünschen,
die mich packt
wie der Wind eine winzige Feder
und auf und davon wirbelt.
Eine unfaßbare Liebe,
die mich gleichzeitig
zum Lachen und Weinen bringt
und mir keine Wahl läßt,
als frei und glücklich
und außer Rand und Band zu sein.
Eine, die mich ungeniert
aus meinem Kopf katapultiert –
hoch hinaus in ein Empfinden,
das sich selbst nicht fassen kann.

Eine Liebe,
die verrückt und süchtig macht
und die ganze Welt lachend
in die Tasche steckt wie eine Murmel.
So eine, die Gefühle weckt,
die nicht einmal ahnen,
daß es sie gibt.

## Feuervögel

Als Feuervögel flogen wir
in das Land ohne Worte
und ohne Erinnerung,
wo jeder Augenblick
aus sich selbst entsteht
und nichts aufeinander aufbaut,
weil es keine Zeit gibt –

nur den Zauber,
der Träumen Wirklichkeit schenkt,
nur die berauschende Musik
ineinander versunkenen Lebens.

Als Feuervögel flogen wir
dem Himmel in die Arme
und kannten keine Grenzen.

Das war vor Tagen;
seitdem hat die Erde uns wieder.
Aber wer einmal so zusammen flog,
der will nichts andres mehr.

## Brandstiftung

Auf dich war
ich nicht vorbereitet.
Wie ein Blitz
aus heiterem Himmel
hast du mein Herz getroffen
und in Brand gesteckt –

ein Feuer,
in das du
deine Hände legen kannst.

## Ideales Zusammensein

Nähe ohne Beengung
Geben ohne Erwartung
Zärtlichkeit ohne Absicht
Spiel ohne Kampf
Vertrautheit ohne Ansprüche
Liebe ohne Forderungen
Zauber ohne Ende

## Nicht von dieser Welt

Wirkliche Liebe ist unzerstörbar
und kennt deshalb keine Angst,
kennt keine Zweifel und Bedenken.

Wirkliche Liebe ist unsterblich,
sie ist nicht von dieser Welt
und steht über ihren Gesetzen.

Sie lebt jenseits
von Raum und Zeit –
sie ist der Atem der Ewigkeit.

## Liebe ist eine magische Kraft

Eine junge Frau kam zum Meister und fragte ihn: „Kannst du mir bitte erklären, was die Seele ist?"
„Die Seele des Menschen", antwortete der Meister, „ist ein Garten, in dem viele Arten von Blumen wachsen wollen und wachsen müssen, damit das Leben nicht eintönig und beengt wird. Wenn du deine Seele ernst nimmst, wirst du dich bemühen, sie in allen wesentlichen Bereichen zur Entfaltung, zur Blüte zu bringen. Denn wahrer Reichtum liegt in der Vielfalt."
Die Besucherin nickte. „Und was sind die wesentlichen Bereiche des Lebens?"
„Laß mich fünf der wichtigsten nennen: Liebe, Freundschaft, Freude, Vertrauen und Weisheit."
„Du hast die Liebe zuerst genannt", sagte die junge Frau. „Zweimal glaubte ich, sie gefunden zu haben, doch dann verlor ich sie, ohne zu wissen, ob es wirkliche Liebe gewesen war. Kannst du mir sagen, was Liebe ist?"
„Sie ist eine magische Kraft, die dich zu einem neuen, reicheren und besseren Menschen macht. Sie befreit dich aus dem Alltag und hebt dich ins Wunderbare, wo Traum und Wirklichkeit zu einem höheren Sinn verschmelzen,

dessen Zauber dich mit unsagbarer Glückseligkeit erfüllt. Wer die Liebe nicht anbetet, hat noch nicht gelebt. Darum laß alles liegen und stehen und eile zur Tür, wenn sie anklopft."

„Und worin", fragte die junge Frau, „liegt der Unterschied zwischen Liebe und Freundschaft?"

Der Meister lächelte sanft und sagte: „Was ist Liebe wert, wenn sie nicht auch Freundschaft ist? Und was ist Freundschaft wert, wenn sie nicht auch Liebe ist? Freundschaft ist eine Form der Liebe und Liebe eine Form der Freundschaft. Liebende, die sich nicht wie Freunde behandeln, spielen mit ihrer Liebe. Und Freunde, die sich lieblos behandeln, setzen ihre Freundschaft aufs Spiel. Dabei gibt es nichts Wertvolleres zwischen uns als Liebe und Freundschaft."

# Tanz mit dir

Glasscherben im Sand.
Du tanzt barfuß
nach der Musik
in deinem Herzen –
deine Augen
sind geschlossen.

Soll ich dich warnen?

Doch du tanzt
so schön und frei,
lächelst die ganze
Welt an.

Ich ziehe
meine Schuhe aus
und tanz mit dir.

Und plötzlich spüre ich:
unsere Füße berühren
gar nicht den Boden.

## Die beste Botschaft

Worte sind Boten,
die wir benutzen,
um den Abstand
zwischen uns
zu überbrücken.

Wirklich nah
sind wir uns erst,
wenn die Boten
überflüssig sind,
weil Nähe die
beste Botschaft ist.

## Schamlos

Schamlos
soll unser Glück sein.
Hemmungslos
soll es sich feiern
und lieben.
Inmitten all der
Friedhofsgesichter
und Packeisgemüter
soll es vor Freude glühen
und funkeln
wie ein ferner Stern,
Wunder wirkend
und zu schön,
um nicht wahr zu sein.

## Ans Licht

Sag deiner Seele,
sie soll ihr
schönstes Kleid tragen
heute abend.
Sag ihr,
es ist soweit:
die Sterne haben
ihren Segen gegeben.
Was nun geschieht,
führt näher ans Licht.

## Lebensbuch

Das Buch
des Lebens
hat viele Seiten.

Doch das Leben
ist immer
auf der Seite
der Liebe.

## Wortlose Antwort

Liebende Herzen
lächeln
über alle Fragen
nach dem Sinn
des Lebens.

## LEICHT

Pure Lebensfreude
funkelte aus deinen Augen,
als unser Lächeln eins wurde
und uns über die
Grenzen des Alltags trug,
als seien wir
leicht wie Luft,
leicht wie ein
ungedachter Gedanke,
leicht wie ein wirklich
werdender Traum.

## Zwei Antworten auf dieselbe Frage

Am Ufer eines Teichs saß ein Frosch und quakte vergnügt vor sich hin.
Da landete ein Vogel neben ihm. Der Frosch fragte ihn: „Was ist das für ein Gefühl, wenn man fliegen kann?"
„Ach, nichts Besonderes. Ich stoße mich vom Boden ab, bewege meine Flügel, komme gut voran und erreiche meine Ziele viel schneller als zu Fuß", antwortete der Vogel und flog davon.
Kurze Zeit darauf landete ein anderer Vogel neben dem Frosch. Auch diesen fragte er: „Was ist das für ein Gefühl, wenn man fliegen kann?"
„Oh, das ist einfach wunderbar! Ein berauschendes Gefühl der Freiheit! Eine unsterbliche Liebe zum Wind. Pures Glück! Es gibt nichts Schöneres! Fliegen ist für mich der Sinn des Lebens", schwärmte der Vogel und flog davon.

## Nicht alle Anfänge

Nicht aller Anfang ist schwer,
manche ist federleicht.
Mancher kann uns
ins Wunderbare tragen,

wenn wir leicht genug sind,
uns aufheben zu lassen.

## Meistens dann

Wer sich ein bestimmtes
Bild von der Liebe macht
und sich auf die Suche danach begibt,
wird manches finden,
aber nicht die Liebe.
Liebe ist größer als jedes Bild,
das wir uns von ihr machen können,
und wir finden sie meistens dann,
wenn wir sie nicht suchen.

# Echte Liebe

Echte Liebe schenkt Glück
und tiefe innere Ruhe.
Echte Liebe schenkt
Heiterkeit und ein Lächeln,
das sich selbst genügt.
Echte Liebe stillt die Sehnsucht
und stiftet Seelenfrieden.

Echte Liebe ist unverkennbar,
und was sie schenkt,
ist in seinem tiefsten Wesen –
unbenennbar.

# Geheimste Türen

Liebe öffnet
die Augen der Seele,
macht das Herz empfänglich
für die Faszination des Lebens.
Langeweile wird zum Fremdwort.
Allein das tiefe Atmen
kann eine Offenbarung sein.
Zeit wird lebendig, spürbar,
geht nicht an uns vorbei,
sondern läßt sich auf uns ein.

Die Suche nach größerem Glück
hat ihre Richtung gefunden,
die Kluft zwischen Sehnsucht
und Alltag wird schmaler,
scheint sich zu schließen.

Und das Leben führt uns
vor seine geheimsten Türen,
durch die allein
berauschte Herzen gehen.

## Im Bann des Abends

Leuchten will ich mit dir,
funkeln im Bann des Abends,
den Sternen glitzernde
Botschaften schicken,
wortlos, wunschlos,
im Augenblick geborgen,
unzerstörbar, unbesiegbar –
solange der Zauber wirkt.

## Was sich sagen lässt

Ich liebe dich,
wie du bist,
wollte ich sagen –
aber Leben ist Wandel,
und du bist Leben,
denn du liebst.

Ich liebe dich,
wie du wirst,
sollte ich also sagen –
aber wie kann ich wissen,
was morgen ist?

So sage ich nur:
ich liebe dich –
das wenigstens
kann ich dir sagen,
wenngleich es schon
zuviel gesagt ist,
weil es zuwenig sagt.

# Die Macht der Liebe

Ein einsamer Mann klopfte an die Tür der Liebe, aber die Liebe öffnete ihm nicht. Also klopfte er noch einmal, diesmal kräftiger, doch die Liebe reagierte nicht.
Vielleicht haben die Menschen recht, die nicht an die Existenz der Liebe glauben, dachte der Mann und ging nach Hause.
Doch die Einsamkeit ließ ihm keine Ruhe, und so rief er die Liebe an, doch sie ging nicht ans Telephon, obwohl er mehrmals versuchte, sie zu erreichen. Dies bestätigte ihn in der Befürchtung, daß es die Liebe nicht gab, daß sie nur eine Illusion war, mit der die Menschen versuchten, sich das Leben erträglicher zu machen.
Aber noch wollte er nicht aufgeben. Also schrieb er der Liebe einen Brief und wartete zwei Wochen lang auf eine Antwort, die aber nicht kam.
Schließlich gab der Mann den Glauben an die Liebe auf.
Eine Woche später begegnete sie ihm zufällig bei einem Spaziergang. Der Mann ging auf sie zu und fragte sie: „Warum hast du nicht auf mein Klopfen an deiner Tür, meine Anrufe und meinen Brief reagiert?"

Die Liebe seufzte: „Warum verstehen die Menschen nicht, daß ich nicht zu ihnen komme, wenn sie es wollen, sondern erst, wenn ich es will?"
„Aber du kommst zu spät, zumindest zu mir", beklagte sich der Mann. „Nun glaube ich nicht mehr an dich."
„Ich komme nie zu spät", erwiderte die Liebe. „Ich komme immer zum richtigen Zeitpunkt."
Der Mann schüttelte unwillig den Kopf. „Ich leide schon so lange unter meiner Einsamkeit, und du hast mich leiden lassen. Immer soll alles nach deinem Willen gehen, immer willst du alles bestimmen! Bist du wirklich die Liebe? Oder bist du die Macht?"
„Ich bin die Macht der Liebe", war die Antwort.
Der Mann verstand nicht, schüttelte unwillig den Kopf und ging weiter.
Die Liebe sah ihm hinterher und fragte sich, ob die Menschen jemals verstehen würden, daß sie nicht existierte, um die Bedürfnisse der Menschen zu befriedigen, ihre Sehnsüchte zu stillen und Nöte zu beenden, sondern um ihnen den Weg ins Herz des Lebens zu zeigen.

Aber zuerst müssen sie mir vertrauen, dachte die Liebe, sich mir rückhaltlos anvertrauen, sonst kann ich sie nicht dorthin führen, und sie war traurig darüber, daß wieder – wie schon so oft – ein Gespräch mit einem Menschen als Selbstgespräch endete.

## Stärker als der Wille

Liebe,
die nicht stärker ist
als unser Wille,
ist nicht Liebe.

Nur wenn wir
nicht anders können,
als einen Menschen
zu lieben,
lieben wir ihn
wirklich.

## Umarmungen

Deine Umarmungen
haben den Winter
lächerlich gemacht.
Meine Stiefel hinterlassen
eine flache Spur im Schnee,
die Kälte macht
den Atem sichtbar –
doch um mein Herz
ist sonniger Süden.

Die Straßen sind vereist –
ich bin verreist
ins warme Klima
deiner Seelenlandschaft.

Woher ich kam,
weiß ich nicht mehr.

Wo ich jetzt bin,
gehöre ich hin,
denn meine Heimat ist,
wo Liebe wächst.

## Liebesgefahr

Jede Liebe,
die sehr stark ist,
lebt gefährlich,
denn sie birgt
gerade wegen
ihrer Stärke
Kräfte in sich,
die zu ihrer
eigenen Zerstörung
führen können.

## Das wirklich Wunderbare

Es ist schöner zu lieben,
als geliebt zu werden,
aber das wirklich Wunderbare
beginnt erst dort,
wo zwei Seelen
sich gleichermaßen lieben
und in ihrer Liebe füreinander
ganz und gar aufgehen.

## Liebe einfach

Wenn du dich nach Liebe sehnst,
warte nicht darauf, daß du geliebt wirst.
Liebe einfach!
Wenn der Egoismus
anderer Menschen dich enttäuscht,
sei selbst weniger egoistisch,
damit dein Egoismus
andere Menschen nicht enttäuscht.
Sei zu den anderen so,
wie du dir wünschst,
daß sie zu dir sein sollen.

## Willst du fliegen, lass dich fallen

Ein junger Mann, der nach tiefer Einsicht suchte, fragte einen großen Weisen: „Wie handle ich in bester Absicht?“
„Absichtslos“, antwortete der Weise.
„Und wie finde ich den besten Weg?“
„Ziellos.“
„Und wie liebe ich am besten?“
„Grenzenlos.“
Der junge Mann ließ diese Antworten lange auf sich wirken, bevor er seine letzte Frage stellte: „Und wie lehre ich meine Seele das Fliegen?“
Der Weise sagte: „Willst du fliegen, laß dich fallen.“

## Liebesblüten

Die feinsten
und zartesten
Blüten der Liebe
öffnen sich nur
im Sonnenschein
problemfreier Muße.

## BEDINGUNGEN

Nur Wärme
kann Wärme erzeugen.
Nur Offenheit
öffnet die Herzen.
Nur Freundlichkeit
befreit den Alltag
von seiner Alltäglichkeit.

## Schau mal rein

Schau mal rein –
heut abend
bin ich allein
für dich da,
als gäb es auf
der ganzen Welt
nichts, was zählt
außer unserer Zeit
zu zweit.

Schau mal rein
in mich
wie ich in dich –
vielleicht wirst du
dasselbe sehen
und nicht verstehen:
wie können Gefühle
so weit gehen,
ohne sich umzudrehen?

Schau mal rein
in mein Geheimnis.
Vor deinen Augen liegt es
wie ein offenes Buch
mit der Geschichte
unserer Liebe,
an deren Ende
das Wort „Anfang“ steht.

## Die Augen der Liebenden

In den Augen der Liebenden
rückt alles
seinem wirklichen Wesen näher,
findet alles zu sich nach Hause.

Die Blicke der Lieblosen
drängen die Wirklichkeit ins Exil.

# Dein Besuch

Ich sah Licht
in deinen Augen,
das funkelnde Leben
in deinem Gesicht,
die unbändige Freude
in deinem Lachen.

Ich sah Sinn
in deiner Nähe,
tiefe Klarheit
in deinen Gedanken,
spürte die Schönheit
deiner Nähe beim Abschied.

Dein Besuch war ein Geschenk,
das mich reich gemacht hat.

## Es ist dein Lächeln

Es ist dein Lächeln,
an dem ich mich
nicht satt sehen kann –

dein Lächeln,
mit dem du den Augenblick
so kostbar machen kannst,
daß ich zu atmen vergesse.

Es ist dein Lächeln,
das unsagbar Schönes sagt –
mit einer Anmut,
die mich sprachlos macht.

## Die richtige Antwort

„Liebst du mich?“ fragte eine junge Frau ihren Liebsten aus heiterem Himmel, nachdem sie eine Weile nachdenklich am Fenster gestanden hatte.
Natürlich liebe ich dich, wollte er zuerst antworten.
Doch er schwieg und fragte sich: Warum fragt sie mich, ob ich sie liebe?
Offensichtlich spürte sie seine Liebe nicht.
Schweigend ging er zu ihr ans Fenster und schloß sie zärtlich in seine Arme.
Als sie erleichtert durchatmete und sich innig an ihn schmiegte, wußte er, daß er ihr die richtige Antwort auf ihre Frage gegeben hatte.

## Bedingung

Die Liebe
gibt immer
die richtige Antwort –

wenn man ihr
die richtige Frage stellt.

## Nur mit Liebe

Nur was man dir
mit Liebe gibt,
kann deine Seele erreichen.

Alle anderen Geschenke,
so schön sie auch sein mögen,
werden nie wirklich
dein Innerstes berühren.

## Im Freien

War das schon so,
bevor ich dich kannte,
daß mir der Herbstwind
mit seinen kühlen Händen
so feurig durch die Haare fuhr
und Wolken mit den
verschwenderischen Farben
des Sonnenuntergangs
mir Bilder malten,
die mein Herz im Betrachten
schwerelos vor Entzücken machten,

als ich im Freien stand
und nicht mehr wußte,
wer ich war –
ohne mich zu vermissen.

## Frischer Zauber

Tiefes Einatmen bist du,
wolkenloser Himmel,
hoher Genuß bist du,
ausgelassene Freude
in meinem Herzen,
frischer Zauber bist du –

verwandelst eine graue Straße
in eine Traumlandschaft
mit einem einzigen Lächeln.

## Ernste Absicht

Wo alle Worte aufhören
und selbst Gedanken stören,
wo eine Wirklichkeit beginnt,
die dadurch schon befriedigt,
daß man sie annimmt,
dort will ich mit dir leben,
mit dir Wurzeln schlagen,
so tief und gründlich,
daß nichts und niemand
uns umwerfen kann.

## Sag es ihnen

Sage den Menschen,
die du magst und liebst,
lieber dreimal zuviel
als einmal zu wenig,
daß sie dir viel bedeuten
und daß dein Leben
ärmer wäre ohne sie.

# Das Pappmaché-Pferd

Ein Mann wachte mitten in der Nacht aus einem Traum auf, an den er sich nur vage erinnern konnte. Ein Traum, der mit seiner Frau zu tun gehabt hatte, die neben ihm im Bett lag und schlief.

Er lauschte ihren leisen, regelmäßigen Atemzügen, während er versuchte, die schnell ins Vergessen abtreibenden Erinnerungen an seinen Traum aufzuhalten. Denn er hatte das Gefühl, daß dieser Traum ihm etwas Wichtiges sagen wollte. Doch aus den wenigen Bruchstücken seiner Erinnerungen konnte er kein Bild zusammensetzen, in dem eine Botschaft zu entziffern war.

Der Mann fühlte sich matt und erschöpft. Die arbeitsreichen letzten Monate hatten ihn sehr viel Kraft und Zeit gekostet und seine Energiereserven aufgebraucht. Nur selten hatte er genügend innere Ruhe und Sanftheit in sich gespürt, um seine Frau zärtlich in den Arm zu nehmen und ihr seine Liebe zu zeigen.

Der Mann war traurig darüber, denn die Liebe zu seiner Frau, mit der er schon über zwanzig Jahre zusammenlebte, war der wertvollste Schatz in seinem Leben. Doch wann hatte er ihr zum letzten Mal gesagt, wie viel sie ihm

bedeutete und was für ein wunderbarer und kostbarer Mensch sie war?
So darf es nicht weitergehen, dachte er sich, ich muß ihr wieder öfter meine Liebe zeigen! Ich darf die Tage nicht weiter einfach so an uns vorüberziehen lassen, darf mich von den Sachzwängen nicht mehr so sehr vereinnahmen lassen.
Vorsichtig stand er auf und ging auf leisen Sohlen in die Küche, um sich ein Glas mit warmer Milch und Honig zu machen – in der Hoffnung, damit bald wieder einschlafen zu können.
Auf der Kommode im Korridor fiel sein Blick auf das weißlackierte Pferd aus Pappmaché, das seine Frau ihm vor mehr als zehn Jahren geschenkt hatte. Mit ihren geschickten Händen hatte sie es selbst gebastelt. Es sah mit seinem weißgepunkteten roten Kopftuch und seinen beiden Zöpfen wie die Comicfigur eines Pferdes aus. Man mußte unwillkürlich grinsen, wenn man es sah, denn es war schon komisch, aber zugleich hatte es mit seinen großen treuen Augen etwas Rührendes.
Er nahm das Pferd in die Hände, führte es unwillkürlich

zu seinen Lippen und gab ihm einen spontanen Kuß auf die kühle Schnauze. Dabei fühlte er plötzlich eine so große und tiefe Liebe zu seiner Frau, daß ihm Tränen in die Augen stiegen. Denn es war ihm, als hätte er eigentlich seine Frau geküßt. Er schämte sich seiner Unfähigkeit, ihr seine Liebe in dem Maß zu zeigen, wie er sie empfand und wie sie es verdiente. Schämte sich dafür, daß er viel zu oft und zu lange am Computer saß, viel zu häufig nicht oder nur halbherzig ansprechbar war, weil er in vermeintlich wichtige berufliche Angelegenheiten vertieft war.

Behutsam stellte er das lustige Pappmaché-Pferd wieder auf die Kommode zurück – eines der vielen von Herzen kommenden Geschenke, die seine Frau ihm gemacht hatte. Die sie ihm täglich dadurch machte, daß sie immer gesprächsbereit und aufgeschlossen für ihn war, so daß er stets mit Fragen oder Problemen zu ihr kommen und sich auf ihre Aufmerksamkeit und Hilfsbereitschaft verlassen konnte.

„Das wird sich alles ändern“, sagte er zu dem Pappmaché-Pferd. „Versprochen! Ich muß mich ändern. Ich werde versuchen, ihr meine Liebe täglich zu zeigen, denn es genügt nicht, daß ich sie spüre. Auch sie soll sie spüren."

Das Pappmaché-Pferd grinste ihn an und schien sich zu freuen. Und plötzlich wußte er, welche Botschaft sein Traum ihm geschickt hatte: Wenn du schon geizen willst, dann geize mit allem, was dir in den Sinn kommt. Aber geize nie mit Bekundungen der Liebe zu dem Menschen, der dir mehr als alles andere im Leben bedeutet!

Nachdem er seine Milch getrunken hatte, ging er leise ins Schlafzimmer zurück, legte sich zu seiner Frau ins Bett und lauschte ihren ruhigen, gleichmäßigen Atemzügen. Er empfand eine große Freude und tiefe Dankbarkeit für das Glück, mit ihr schon so lange in Liebe verbunden zu sein.

Am liebsten hätte er sich über ihr Gesicht gebeugt und ihr einen Kuß auf die Stirn gegeben, aber er wollte sie nicht aus ihrem schönen Schlaf reißen. So schenkte er ihr den Kuß in Gedanken.

In diesem Augenblick gab sie ein leises, freudiges Geräusch von sich, als hätte sie seine Zärtlichkeit im Schlaf gespürt.

# Denkzettel

Denke in
schönen Stunden
nie an ihre
Vergänglichkeit,
dazu sind
die schlechten da.

## Von Glück reden

Ich kann
von Glück reden,
mit dir schweigen
zu können
und unsre Blicke
tauschen zu lassen,
was das Herz begehrt.

## Ineinander

Laß es nie normal
werden zwischen uns,
damit kein einziger
Alltag uns befällt
wie eine Krankheit.

Laß uns im Freien wachsen –
jenseits der Zäune und Mauern,
hinter denen Natur betrogen
und die Zeit versklavt wird.

Kein Staub
fällt auf Blicke,
die ineinander
ihren Sinn sehen.

## Unendliche Geschichte

Du läßt es weiterleben,
dieses verrückte Glücksgefühl,
das in mir wächst,
wenn ich dir nah bin.

Wir sagen uns zwar
„Tschüs“ am Telefon,
doch das wortlose
Zwiegespräch unserer Herzen
geht weiter und weiter.

Du läßt es andauern.
Du verstehst die Kunst,
Gefühle zu verschenken,
die keine Zeit kennen.

## Geheimtüren

Es gibt Geheimtüren
in unserer Seele,
hinter denen
verborgene Schätze
auf ihre Entdeckung warten.

Doch nur ein anderer
kann sie uns öffnen,
mit der Intuition
seiner Liebe.

## Liebeslehre

Es sind die Menschen,
die wir am meisten lieben,
die uns das lehren können,
was wir am wenigsten mögen –

zum Beispiel,
uns selbst nicht
so wichtig zu nehmen.

# Am Ende der Lehre

Eine hübsche und kluge junge Frau suchte einen für seine Weisheit bekannten Mann auf und fragte ihn: „Was ist das Beste, das du mich lehren kannst?“
„Warum bist du zu mir gekommen?“ fragte der Weise zurück.
„Weil du den Ruf hast, große Weisheit erlangt zu haben und ein gelassenes, friedliches und glückliches Leben zu führen.“
„Das ist mein Ruf“, sagte der Weise. „Doch wer bin ich?“
Die junge Frau sah ihn eine Weile an und überlegte sich ihre Antwort gut, weil sie sich keine Sympathien verscherzen wollte.
„Du bist kein junger Mann mehr“, sagte sie schließlich, „aber du hast die Ausstrahlung eines jungen Mannes. Du bist voller Lebenserfahrung, aber deine Augen sind so klar wie die eines Kindes. Du hast gelernt, daß manchen Menschen nicht zu trauen ist, doch du schaust mich mit einer Miene an, aus der Vertrauen spricht.“
„Du hast dich selbst schon viel gelehrt“, stellte der Weise fest. „Das Beste, was ich dich lehren kann, ist dir zu helfen, wie du dich noch mehr lehren kannst.“

„Und was wird am Ende dieser Lehre stehen?“ fragte die junge Frau.
„Am Ende dieser Lehre wird ein Punkt stehen, kein Fragezeichen“, sagte der Weise. „Und du selbst wirst dort stehen. Mit einem Blick, der in der Unvollkommenheit des Lebens Vollkommenheit erkannt hat.“

# Das wirklich Wertvolle

Das wirklich
Wertvolle am Menschen,
das, was ihn bedeutend
und liebenswert macht,
ist von unsichtbarer Art.
Es liegt jenseits
sinnlicher Wahrnehmung
und neigt zur Bescheidenheit.

# Wahrer Reichtum

Ruhm, Geld und Macht –
was sind sie gegen den Zauber der Liebe,
der uns erfüllen und
wunschlos glücklich machen kann?

Der Berühmte will immer berühmter werden,
der Mächtige immer mächtiger,
der Reiche immer reicher.
Sie sind Opfer ihres Verlangens nach mehr,
das sie nicht in Frieden läßt.

Das Glück der Liebenden
genügt sich selbst,
gibt ihnen Freude, Frieden, Dankbarkeit.
Und das ist wahrer Reichtum.
Die Liebe kann ihn uns schenken.
Dafür müßten wir sie eigentlich
in den Himmel heben.
Doch wir brauchen sie dringend auf der Erde.

## Weise Reaktion

Die weiseste Reaktion
auf die Vergänglichkeit des Lebens
und die Unabänderlichkeit des Todes
ist der ständige Versuch,
soviel Glück und Freude,
soviel Schönheit und Zauber
wie möglich zu erleben –

solange es möglich ist.

# Komm tanzen

Komm, wir streichen
die Stadt an
mit den Regenbogenfarben
unsrer Freude aneinander.
Deine Hand in meiner,
mein Lächeln in deinen Augen,
und nichts kann uns die Musik
unter den Füßen wegziehen,
wenn wir tausendundeinen
Zentimeter über den
Bürgersteigen tanzen.

# Der Autor

Hans Kruppa ist einer der meistgelesenen deutschen Dichter. Er lebt als freier Schriftsteller in Bremen. Seine Gedichte und Märchen, Erzählungen und Romane, Aphorismen und Kurzgeschichten hat er in mehr als hundert Büchern mit einer Gesamtauflage von über zwei Millionen veröffentlicht. Einige seiner Bücher wurden in andere Sprachen übersetzt. Für sein schriftstellerisches Werk wurde Hans Kruppa mit dem New Yorker Otto-Mainzer-Preis ausgezeichnet.

„Er gilt als Meister der Liebeslyrik, als Mann, der mit dem Herzen denkt, als Realist mit Mut zu seinen Gefühlen. Hans Kruppa spielt gekonnt auf der Klaviatur der Zwischentöne und hat damit großen Erfolg." (Westfälische Nachrichten)

„Wer Hans Kruppa zuhört, dem können sich selbst die tristesten Stunden in „eine gute Zeit" verwandeln." (Deutsche Tagespost, Würzburg)

„Kaum ein deutscher Autor ist so vielseitig und erfolgreich wie Hans Kruppa. Ob er Liebeslyrik verfaßt, Märchen erzählt oder Romane schreibt, jedes Mal fließt viel Herzblut in seine Arbeit mit ein." (Visionen)

„Der Lyriker probiert, ohne daß er sich über die gesellschaftspolitische Lage Illusionen machte, auch „Schönwetterworte", und mit ihnen stellt sich Phantasie ein, Leichtigkeit ..." (Die Zeit)

„Der Leser begleitet Hans Kruppa gern im Höhenflug oder auch Tiefgang der Stimmungen und Gefühle. Bisweilen entdeckt er sich selbst ..." (Braunschweiger Zeitung)

Mehr Informationen: www.hans-kruppa.de

# Inhalt

# Inhalt

# Inhalt